Scott Foresman

Oficinas Editoriales: Glenview, Illinois • New York, New York
Oficinas de Ventas: Reading, Massachusetts • Duluth, Georgia • Glenview, Illinois
Carrollton, Texas • Menlo Park, California

Credits

Illustrations

Yvette Banek
Olivia Cole
Eldon Doty
Ruth J. Flanagan
Claude Martinot

Photos

Hutchings Photography
Ken Karp
David Waitz
Peter Krinnigger/IS
Ken Levinson/IS
Photo Disc, Inc.

Oficinas editoriales
Glenview, Illinois • New York, New York

Oficinas de ventas
Reading, Massachusetts • Duluth, Georgia • Glenview, Illinois
Carrollton, Texas • Menlo Park, California

ISBN 0-673-60578-7

22 23 - V011 - 14 13 12

Contenido

En familia

AEIOU

El gato de las mil narices

El gato de Evita

El gato de Evita quiere jugar
con una gatita que sepa cantar.
Que cante la *a*.
Que cante la *e*.
Que abra bien los ojos y que ande al revés.
Que sepa la *i*,
la *o* y la *u*.
Que diga "miau miau" igualito que tú.

Esta rima contiene palabras que su hijo o hija ha practicado en la escuela. Lean la rima juntos. Ayúdele a encontrar dos palabras que rimen.

(doblar aquí)

Nombre: _____

1

© Scott Foresman 1

Usted es el mejor maestro de su hijo o hija, ¡y el más importante!

Aquí tiene una serie de actividades para ayudar a su hijo o hija con las distintas destrezas de una manera divertida.

Día 1 Escriba las vocales **a, e, i, o** y **u** en cinco papelitos. Pida a su hijo o hija que los coloque sobre objetos de la casa que empiecen con esa vocal.

Día 2 Pídale que use las palabras *el, a, es, un, uno, una, otro* y *otra* para formar oraciones con sentido. Por ejemplo: *Es un oso.*

Día 3 Léale un cuento. Anímele a averiguar el significado de cada palabra que no conozca usando las claves del cuento y los dibujos.

Día 4 Su hijo o hija está aprendiendo a comunicarse con los demás con diversas finalidades, como intercambiar ideas, preguntar o dar información. Anímele a escuchar los diferentes usos del lenguaje.

Día 5 Su hijo o hija está aprendiendo a escribir leyendas para carteles. Ayúdele a escribir una leyenda para un cartel que represente algo que hay en su hogar.

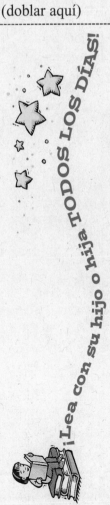

¡Lea con su hijo o hija TODOS LOS DÍAS!

4

Formemos palabras

Materiales   16 tarjetas

Instrucciones de la actividad

1. Haga 16 tarjetas con las sílabas de la página 3.

2. Ponga las 16 tarjetas boca abajo sobre la mesa.

3. Por turnos, los jugadores toman cuatro tarjetas.

4. Cada jugador trata de formar el mayor número posible de palabras con las tarjetas que tiene.

so	ma	o	li
be	a	no	sa
to	ga	u	pa
nu	mo	ca	po

Nombre _____

Encierra en un círculo la palabra que complete la oración.

Escribe la primera letra de la palabra.

<u>a</u>beja

---

avión   abeja

_____

- - - -

1. Es un ____vión.

---

elote   elefante

_____

- - - -

2. Es un ____lefante.

---

imán   iguana

_____

- - - -

3. Es una ____guana.

---

oso   otro

_____

- - - -

4. Es un ____so.

---

uno   uvas

_____

- - - -

5. Son unas ____vas.

Notas para el hogar: Su hijo o hija ha estado practicando la lectura de palabras con *a, e, i, o* y *u.*
Actividad para el hogar: Ayude a su hijo o hija a escribir palabras con *a, e, i, o* y *u.*

Nombre _____

Dibuja una línea para ayudar a Milo a llegar a su casa.

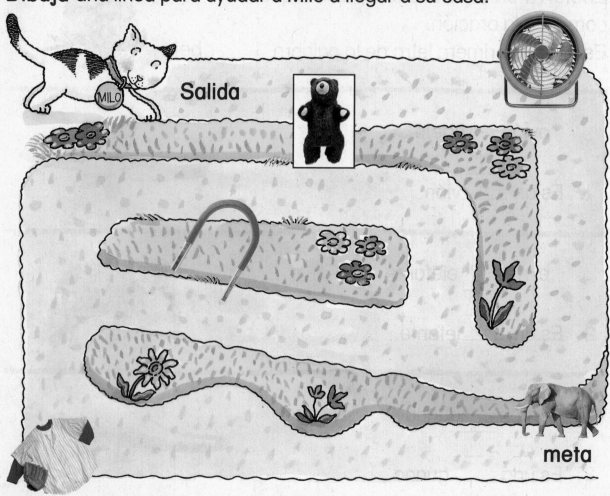

Salida

meta

Escribe la vocal que va con cada foto.

1. _ _ _ _ _ _

2.  _ _ _ _ _ _

3. 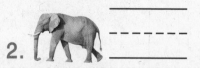 _ _ _ _ _ _

4. 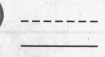 _ _ _ _ _ _

5. _ _ _ _ _ _

Notas para hogar: Su hijo o hija ha estado practicando palabras con a, e, i, o y u. *Actividad para el hogar:* Ayude a su hijo o hija a buscar objetos en su casa para practicar estas vocales. Juntos, escriban el nombre de cada objeto y dibújenlo.

Escoge una palabra de la casilla para completar cada oración.
Escribe la palabra en la línea.

el   A   Es   un   otro

_____

1. Veo _____ gato.

_____

2. _____ bonito.

_____

3. _____ ese gato le gusta jugar.

_____

4. Veo _____ gato.

_____

5. Quiero _____ gato.

Notas para el hogar: Esta semana su hijo o hija está aprendiendo a leer las palabras *el, a, es, un* y *otro*.
Actividad para el hogar: Mientras lee junto a su hijo o hija, anímelo a señalar estas palabras.

Mira las palabras subrayadas.
Encierra en un círculo el dibujo que corresponde a la oración.

1. El gato tiene una nariz negra.

2. El niño está bajo el gato.

3. Tiene un globo grande.

4. Está en las nubes.

5. ¡Ese gato es tan pequeño!

 Notas para el hogar: Su hijo o hija encontró el significado de palabras desconocidas buscando claves en el texto y en los dibujos. *Actividad para el hogar:* Lean un cuento. Mientras encuentran palabras desconocidas, anime a su hijo o hija a usar las otras palabras y los dibujos para averiguar el significado de esas palabras.

Nombre _____

Una **oración** es un grupo de palabras que expresan una idea completa.

Ésta es una oración: El gato maúlla.
Ésta no es una oración: El gato.

Encierra en un círculo las palabras que completan cada oración.

I. Sami y Paco _____ .

perros
duermen

---

2. _____ no duermen.

Gato y Gatito
Con la

---

3. Gato y Gatito _____ .

suben
y Paco

---

4. _____ no sube.

Corre
Sami

---

5. Gatito _____ .

arriba y abajo
está arriba

Notas para el hogar: Su hijo o hija identificó oraciones completas. *Actividad para el hogar:* Escriba cinco oraciones incompletas que su hijo o hija pueda leer, y pídale que las complete.

Nombre _____

Escoge una palabra de la casilla para completar cada oración.
Escribe la palabra en la línea.

| A | Es | otro | El | un |

1. _____ un gato.

2. _____ gato corre.

3. Ella tiene _____ gato.

4. _____ mi gato le gusta la leche.

5. El gato mira _____ ratón.

Notas para el hogar: Esta semana su hijo o hija está aprendiendo a leer las palabras *el, a, es, un y otro.*
Actividad para el hogar: Ayude a su hijo o hija a escribir un cuento corto usando estas palabras, para luego practicar la lectura en voz alta.

© Scott Foresman 1

abanico

espejo

isla

ola

uno

Di la palabra que va con cada foto.
Escribe la primera letra de la palabra.
Usa las letras de la casilla.

a e i o u

1.	2.	3.	4.
	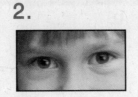		
_ _ _ _ _ _	_ _ _ _ _ _	_ _ _ _ _ _	_ _ _ _ _ _

5.	6.	7.	8.

_ _ _ _ _ _	_ _ _ _ _ _	_ _ _ _ _ _	_ _ _ _ _ _

Busca las palabras que empiecen con la misma letra que la foto.
Rellena el ⬭ de tu respuesta.

9. ⬭ ola
   ⬭ enanito
   ⬭ abanico

10. ⬭ oso
    ⬭ amo
    ⬭ eje

Notas para el hogar: Su hijo o hija ha estado practicando palabras que empiezan con *a, e, i, o* y *u*.
Actividad para el hogar: Ayude a su hijo o hija a mencionar objetos de casa que empiecen con estas letras.

Nombre _____

Subraya la palabra que corresponde al dibujo.

1.

   a   ala

2.

   uva   oso

3.

   elote   imán

4.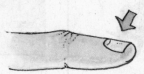

   el   uña

5.

   ala   oso

6.

   elote   uva

Escribe en la línea la palabra de la casilla que completa la oración.

El   A

7. _____ oso come.

8. _____ Ana le gusta comer uvas?

 Notas para el hogar: Su hijo o hija está aprendiendo palabras que comienzan con *a, e, i, o, u.* **Actividad para el hogar:** Diga las palabras de ortografía. Pida a su hijo o hija que diga si la palabra comienza con *a, e, i, o, u.*

Encierra en un círculo una palabra para completar cada oración.
Escribe la oración en la línea.

gato   perro

1. El _____ come.

_____

_____

perro   pato

2. Mi _____ sale.

_____

_____

pato   gato

3. Mi _____ sale.

_____

_____

perros   gustan

4. Me _____ los gatos.

_____

_____

Notas para el hogar: Su hijo o hija escribió oraciones simples. *Actividad para el hogar:* Ayude a su hijo o hija a escribir oraciones simples para describir un dibujo o una foto. Asegúrese de que ponga una mayúscula al principio de una oración y un punto al final.

© Scott Foresman 1

Nombre _____

Consejos para tomar el examen

1. Escribe tu nombre en el examen.

2. Lee cada pregunta dos veces.

3. Lee todas las respuestas posibles para cada pregunta.

4. Marca tu respuesta cuidadosamente.

5. Verifica tu respuesta.

Nombre _____

Parte I: Vocabulario

Lee cada oración.
Rellena el ⬭ de tu respuesta.

1. Mira_____ gato.
   - ⬭ es
   - ⬭ el
   - ⬭ a

2. Amo _____ mi gato.
   - ⬭ otro
   - ⬭ a
   - ⬭ el

3. El gato _____ mi amigo.
   - ⬭ es
   - ⬭ otro
   - ⬭ a

4. Yo tengo _____ gato.
   - ⬭ a
   - ⬭ es
   - ⬭ un

5. Miro a _____ gato.
   - ⬭ es
   - ⬭ otro
   - ⬭ a

Sigue

Parte 2: Comprensión

Lee cada oración.
Rellena el ⬭ de tu respuesta.

6. ¿Dónde está la niña en el cuento?
    ⬭ en la cama
    ⬭ en la cocina
    ⬭ en la escuela

7. La niña cuenta el cuento
    ⬭ porque está aburrida.
    ⬭ porque es su tarea.
    ⬭ para dormirse.

8. A la niña se le olvida
    ⬭ el nombre del gato.
    ⬭ dónde está el gato.
    ⬭ cuál es la nariz del gato.

9. El gato vive en
    ⬭ una cueva.
    ⬭ una nube.
    ⬭ un armario.

10. ¿Qué hace la niña al final del cuento?
    ⬭ se baña
    ⬭ se duerme
    ⬭ se peina

Nombre _____

<u>a</u>guja   <u>e</u>lefante   <u>o</u>reja   <u>i</u>sla   <u>u</u>ña

Di la palabra que va con cada foto.
Escribe la primera letra de la palabra.
Usa una letra de la casilla.

a e o i u

1.	2.	3.	4.

_ _ _ _ _	_ _ _ _ _	_ _ _ _ _	_ _ _ _ _

5.	6.	7.	8.

_ _ _ _ _	_ _ _ _ _	_ _ _ _ _	_ _ _ _ _

Busca las palabras que empiecen con la misma
letra que la foto.
Rellena el ⬭ de tu respuesta.

9. ⬭ oso
   ⬭ abanico
   ⬭ uña

10. ⬭ imán
    ⬭ ola
    ⬭ uno

 Notas para el hogar: Su hijo o hija ha estado practicando palabras que empiezan con *a, e, i, o* y *u*.
Actividad para el hogar: Ayude a su hijo o hija a mencionar algunos objetos que comiencen con estas letras.

© Scott Foresman 1

Nombre _____

Subraya la palabra que corresponde al dibujo.

1.

ala   oveja

2.

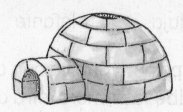

elote   iglú

3.

imán   oso

4.

oveja   uña

5.

elote   uña

6.

oso   ala

Escribe cada palabra.

7. uva

_____
- - - - - - - - - -

8. oso

_____
- - - - - - - - - -

Notas para el hogar: Su hijo o hija está aprendiendo palabras que comienzan con *a, e, i, o, u. Actividad para el hogar:* Ayude a su hijo o hija a usar palabras de ortografía para inventar un cuento simple.

En familia

El viento travieso

Maleta, mapa, osito, pelota

El capitán don Magenta

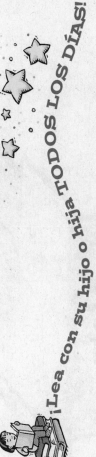

El capitán don Magenta
no pocas veces contó
que, empujado por el viento,
su barco a una isla llegó.

En la isla había una mina
y en la mina mucho oro.
Lo asustaron cuatro tigres,
pero hoy tiene un gran tesoro.

El mejor de sus amigos,
el doctor Pablo Manija,
lo llevó hasta su casa
y le presentó a su hija.

Vestido de capitán,
don Magenta se casó.
Muchas gracias, amiguitos,
ya esta historia terminó.

Esta rima incluye palabras que su hijo o hija ha practicado en la escuela: palabras con *ma, me, mi, mo, mu, pa, pe, pi, po o pu.* Inventen juntos una rima con palabras que contengan estas sílabas.

(doblar aquí)

Nombre: _____

1

© Scott Foresman   1

Usted es el mejor maestro de su hijo o hija, ¡y el más importante!

Aquí tiene una serie de actividades para ayudar a su hijo o hija con las distintas destrezas de una manera divertida.

Día 1 Escriba unas palabras sencillas, como *mano y mapa.* Pida a su hijo o hija que cambie una letra de cada palabra para cambiar el significado. Ejemplo: *mono y papa.* Por turnos, cambien el significado de otras palabras.

Día 2 Escriban juntos una serie de oraciones cortas que contengan las palabras *por, papá, al, más y mi.*

Día 3 Lean juntos un cuento. Después de cada suceso importante, deténganse y pregúntele qué sucedió (efecto) y por qué sucedió (causa).

Día 4 Su hijo o hija está aprendiendo a escuchar para predecir un resultado (lo que sucederá a continuación). Léale un cuento. Deténgase a menudo y pregúntele: ¿*Qué sucederá a continuación?*

Día 5 Pídale que escriba oraciones sobre los miembros de la familia o sobre sus mascotas. Ayúdele a buscar el sujeto de las oraciones que expliquen lo que hace algo o alguien.

¡Lea con su hijo o hija TODOS LOS DÍAS!

4

2

Empieza por...

Materiales Un círculo de cartulina, sujetapapeles, 1 ficha para cada jugador

Instrucciones del juego

1. Haga una ruleta sencilla como se muestra.

2. Por turnos, giren la ruleta. Cuando la ruleta se detenga en una sílaba, el jugador debe decir una palabra que comience por esa sílaba. Si responde correctamente, avanzará el número de casillas que indique la ruleta. Sigan las instrucciones de las casillas del tablero. Si no responde correctamente, no avanzará ninguna casilla.

3. ¡Gana el primer jugador en llegar a la **Meta**!

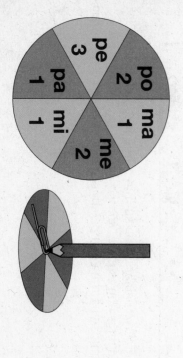

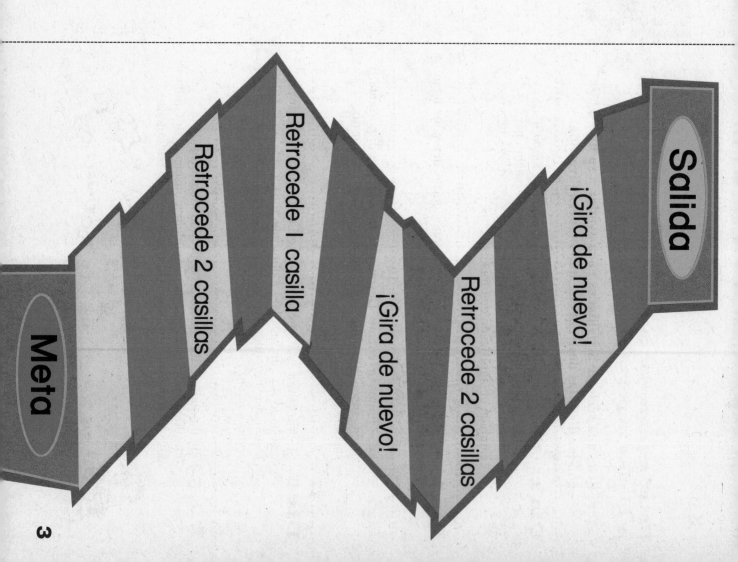

3

Nombre _____

Encierra en un círculo la palabra que
va con cada foto.

<u>m</u>apa

I. 	2. 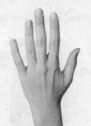	3. 	4. 
melón mano	mano moño	mapa mono	mula moto
5. 	6. 	7. 	8. 
mesa mina	mamá muro	milla mago	mano mulo

Haz un dibujo de cada palabra.

9. medalla

10. moneda

Notas para el hogar: Su hijo o hija ha estado practicando palabras que empiezan con *ma, me, mi, mo* y
mu. **Actividad para el hogar:** Ayude a su hijo o hija a escribir palabras que comiencen con estas sílabas.

Nombre _____

Escoge una sílaba de la casilla para completar cada palabra.
Escribe la sílaba en la línea.

| pa | pe | pi | po | pu |

pi_ña

1.

_____
_____rro

2.

_____
_____to

3.

_____
_____zo

4.

_____
_____lota

5.

_____
_____llo

6.

_____
_____ma

7.

_____
_____ñata

8.

_____
_____no

Dibuja el objeto que va con cada palabra.

9. paloma

10. pera

Notas para el hogar: Su hijo o hija ha estado practicando palabras que empiezan con *pa, pe, pi, po* y *pu*.
Actividad para el hogar: Ayude a su hijo o hija a escribir una lista de objetos de su casa que comiencen
con estas sílabas.

Escoge una palabra de la casilla para completar cada oración.
Escribe la palabra en la línea.

| papá | al | mi | más | por |

1. Voy _____ lago.

2. Paso _____ tu casa.

3. Voy con mi _____ .

4. Voy con _____ perro.

5. Me gusta _____ el lago que el mar.

Notas para el hogar: Esta semana su hijo o hija está aprendiendo a leer las palabras *mi, por, papá, más*
y al. ***Actividad para el hogar:*** Escriba las palabras en tarjetas. Muestre a su hijo o hija dos tarjetas y pídale
que invente una oración con las dos palabras. Ayude a su hijo o hija a escribir las oraciones.

Nombre _____

Mira el dibujo que muestra lo que ocurrió.
Encierra en un círculo el dibujo que muestra por qué ocurrió.

Mira el dibujo que muestra lo que ocurrió.
Haz un dibujo que muestra por qué ocurrió.

Notas para el hogar: Su hijo o hija aprendió sobre la causa (por qué algo ocurre) y el efecto (lo que pasa). *Actividad para el hogar:* Dé a su hijo o hija algunas causas. Anime a su hijo o hija a adivinar lo que podría ocurrir. (Por ejemplo: *Llueve y Pedro no tiene abrigo. Pedro se mojará.*)

Nombre _____

Maleta, mapa, osito, pelota

El viento travieso

El **sujeto** de una oración nombra una persona, un animal o una cosa.

Pepe y Elena corren.

Encierra en un círculo el sujeto en cada oración.

1. Ana y el gato juegan.

2. Mamá y papá se sentaron.

3. El gato corre.

4. Mamá y Ana miran.

5. El hombre lo baja.

Notas para el hogar: Su hijo o hija identificó el sujeto en oraciones simples. *Actividad para el hogar:* Lea un cuento con su hijo o hija. Pídale que señale el sujeto en diversas oraciones.

Nivel 1.2

Gramática: Sujetos **23**

Nombre _____

Escoge una palabra de la casilla para completar cada oración.
Escribe la palabra en la línea.

| más | al | mi | por | Papá |

_____

1. Paso _____ la casa de Pepe.

2. Voy _____ mar.

3. Voy con _____ mamá.

4. Me gusta el agua _____ que el viento.

_____

5. _____ está en la casa.

Notas para el hogar: Esta semana su hijo o hija está aprendiendo a leer las palabras *mi, por, papá, más* y *al*. ***Actividad para el hogar:*** Diga cada palabra y pida a su hijo o hija que la use en una oración. Ayúdele a hacer dibujos para las oraciones.

Nombre _____

a̱beja   e̱lefante   i̱mán   o̱la   u̱vas

Di la palabra que va con cada foto.
Escribe la primera letra de la palabra.
Usa una letra de la casilla.

a e i o u

1.

_____

2.

_____

3.

_____

4.

_____

5.

_____

6.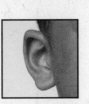

_____

7.

_____

Busca la palabra que empiece con la misma letra que la foto.
Rellena el ⬭ de tu respuesta.

8. ⬭ anillo
⬭ esquí
⬭ oro

9. ⬭ aro
⬭ ojos
⬭ elefante

Notas para el hogar: Su hijo o hija ha estado repasando palabras que empiezan con *a, e, i, o* y *u*. ***Actividad para el hogar:*** Ayude a su hijo o hija a hacer una lista con nombres de personas que comiencen con estas letras.

Nombre _____

Subraya la palabra que corresponda al dibujo.

1.

ama   papi

2.

puma   mapa

3.

mapa   mamá

4.

puma   mima

5.

puma   ama

6.

papi   mima

Pon las letras en orden para formar una palabra de la casilla.

mi   papá

7. im

_____

- - - - - - - - - - -

8. ppaá

_____

- - - - - - - - - - -

Notas para el hogar: Su hijo o hija está aprendiendo palabras con *ma, me, mi, mo, mu, pa, pe, pi, po* o *pu*. *Actividad para el hogar:* Invente junto a su hijo o hija un cuento acerca de una excursión familiar usando palabras de ortografía.

© Scott Foresman 1

Nombre _____

Encierra en un círculo la palabra o palabras que son el sujeto de cada oración.

Escribe la palabra o palabras en la línea.

El oso   Mi
_____

- - - - - - - - - - - - - - - - -

1. _____ come.

Dónde   La maleta
_____

- - - - - - - - - - - - - - - - -

2. _____ es grande.

Gran   El perro
_____

- - - - - - - - - - - - - - - - -

3. _____ come.

Los gatos   Miro
_____

- - - - - - - - - - - - - - - - -

4. _____ maúllan.

Ellos   Hacer
_____

- - - - - - - - - - - - - - - - -

5. _____ miran al perro.

Notas para el hogar: Su hijo o hija identificó y nombró el sujeto de una oración.
Actividad para el hogar: Lea en voz alta algunas oraciones simples de anuncios o señales. Anime a su hijo o hija a indicar el sujeto de las oraciones.

Nombre _____

Maleta, mapa, osito, pelota!

El viento travieso

Consejos para tomar el examen

1. Escribe tu nombre en el examen.

2. Lee cada pregunta dos veces.

3. Lee todas las respuestas posibles para cada pregunta.

4. Marca tu respuesta cuidadosamente.

5. Verifica tu respuesta.

© Scott Foresman 1

28 Consejos para tomar el examen

Nivel 1.2

Parte 1: Vocabulario

Lee cada oración.
Rellena el ⊂⊃ de tu respuesta.

1. Yo voy _____ lago.
   ⊂⊃ más   ⊂⊃ mi   ⊂⊃ al

2. _____ juega con el gato.
   ⊂⊃ Papá   ⊂⊃ Por   ⊂⊃ Mi

3. Paso _____ tu casa.
   ⊂⊃ mi   ⊂⊃ por   ⊂⊃ más

4. Es _____ perro.
   ⊂⊃ papá   ⊂⊃ más   ⊂⊃ mi

5. Quiero_____ pan.
   ⊂⊃ más   ⊂⊃ por   ⊂⊃ al

Sigue ➡

Parte 2: Comprensión

Lee cada oración.
Rellena el ⬭ de tu respuesta.

6. Las personas del cuento están
   ⬭ en la playa.
   ⬭ caminando por la calle.
   ⬭ en el centro comercial.

7. ¿Cómo se sienten las personas cuando se vuelan las cosas?
   ⬭ contentas
   ⬭ tristes
   ⬭ enojadas

8. Cuando el viento sopló de nuevo,
   ⬭ devolvió cosas equivocadas.
   ⬭ devolvió todo a su dueño.
   ⬭ se llevó más cosas.

9. En el cuento, el viento es
   ⬭ malo.
   ⬭ antipático.
   ⬭ juguetón.

10. Al final del cuento, el viento
    ⬭ se siente mal.
    ⬭ se ríe mucho.
    ⬭ se va a dormir.

Nombre _____

<u>a</u>nillo   <u>e</u>lefante   <u>i</u>mán   <u>o</u>so   <u>u</u>niforme

Di la palabra que va con cada foto.
Escribe la primera letra de la palabra.
Usa una letra de la casilla.

a e i o u

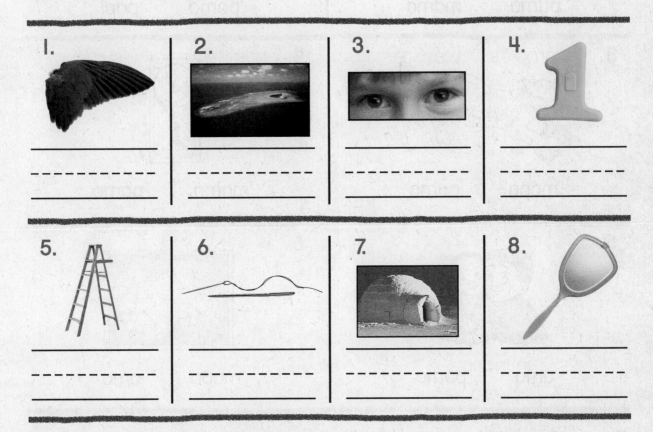

1. _____
2. _____
3. _____
4. _____

5. _____
6. _____
7. _____
8. _____

Busca la palabra que empiece con la misma letra que la foto.
Rellena el ⬭ de tu respuesta.

9. ⬭ elefante
   ⬭ amigo
   ⬭ ola

10. ⬭ ojos
    ⬭ uvas
    ⬭ imán

Notas para el hogar: Su hijo o hija ha estado practicando nuevamente palabras que empiezan con *a, e, i, o* y *u*. ***Actividad para el hogar:*** Lea un cuento en voz alta a su hijo o hija. Pida a su hijo o hija que haga una lista con las palabras del cuento que comiencen con estas letras.

Subraya la palabra que corresponde al dibujo.

1.

puma   mamá

2.

pomo   papi

3.

mapa   puma

4.

mamá   pomo

5.

ama   pomo

6.

mapa   ama

Escoge la palabra de la casilla que completa la oración.
Escribe la palabra en la línea.

mima   mimo

_____
- - - - - - - - - - -
7. Yo _____ a mi osito.

_____
- - - - - - - - - - -
8. Elena _____ a su osito?

Notas para el hogar: Su hijo o hija está aprendiendo palabras que comienzan con *ma, me, mi, mo, mu, pa, pe, pi, po* o *pu*. **Actividad para el hogar:** Escriba las palabras de ortografía en una tarjeta. Muestre las tarjetas a su hijo o hija. Pídale que diga cada palabra y que la use después en una oración.

En familia

La pesa de Nino

Salí de paseo

Obra de títeres con sorpresa

¿Qué veo, qué veo?
Un niño orgulloso,
un oso muy goloso,
un sapo melodioso.

¡Que sí, que no!
La nube se llenó.
¡Qué negro el cielo!
¡Subamos el telón!

Esta rima contiene palabras que su hijo o hija ha practicado en la escuela: palabras con *sa, se, si, so, su, na, ne, ni, no* o *nu*. Lean juntos la rima e inventen nuevos versos usando palabras con estas sílabas.

Nombre : _____

(doblar aquí)

© Scott Foresman 1

Usted es el mejor maestro de su hijo o hija, ¡y el más importante!

Aquí tiene una serie de actividades para ayudar a su hijo o hija con las distintas destrezas de una manera divertida.

Día 1 Por turnos, representen una palabra que empiece con *sa, se, si, so, su, na, ne, ni, no* o *nu*. La otra persona tratará de adivinar la palabra.

Día 2 Pida a su hijo o hija que diga oraciones sencillas con las palabras *sí, solo, nada, esto* y *vi*.

Día 3 Léale unos cuentos. Deténgase a menudo y pídale que trate de predecir lo que va a suceder. Pregúntele: *¿Qué crees que sucederá a continuación? ¿Por qué?*

Día 4 Su hijo o hija ha aprendido a buscar el predicado en oraciones sencillas. Ayúdele a escribir unas oraciones y pídale que busque los predicados.

Día 5 Su hijo o hija ha escrito un diario para la escuela. Pídale que escriba un diario sobre las tareas o actividades que realiza en el hogar.

¡Lea con su hijo o hija TODOS LOS DÍAS!

¿Qué pasa?

Materiales   tarjetas, marcador

Instrucciones del juego

1. Cada jugador comienza el juego con tres tarjetas con las palabras **es**, **un** y **una**.

2. Escriba las doce palabras del recuadro de la página 3 en doce tarjetas. Ponga las tarjetas boca abajo.

3. Por turnos, cada jugador escoge tres tarjetas y trata de formar la oración más larga posible.

4. Después vuelve a poner boca abajo las tres tarjetas que tomó.

5. Cada tarjeta usada en la oración vale un punto. ¡El primer jugador que obtenga 12 puntos es el ganador!

una	sopa	niña	niño
es	un	sapo	suma
nene	pato	vi	mono
luna	nena	nube	nido

Nombre _____

Une con una línea cada palabra a la foto correspondiente.

1. silla

2. sopa

3. sapo

4. señor

5. suma

$$1+1=2$$

Notas para el hogar: Su hijo o hija ha estado relacionando fotos con palabras que empiezan con *sa, se, si, so* y *su*. **Actividad para el hogar:** Muestre a su hijo o hija fotos que empiecen con estas sílabas para que repita las palabras.

Nombre _____

Encierra en un círculo la palabra que va con cada foto.
Escribe la primera sílaba de la palabra
en la línea.

 <u>ni</u>do

---

nombre   nube
_____

— — — — — —

1. Veo la _____be.

---

noche   nariz
_____

— — — — — —

2. Tengo una _____riz.

---

niña   nido
_____

— — — — — —

3. Soy una _____ña.

---

nada   negro
_____

— — — — — —

4. Tengo un perro _____gro.

---

noviembre   noche
_____

— — — — — —

5. Es de _____che.

Notas para el hogar: Su hijo o hija ha estado leyendo y escribiendo palabras que contienen *Na, ne, ni, no* y *nu*. *Actividad para el hogar:* Ayude a su hijo o hija a escribir palabras con estas sílabas.

Nombre _____

Escoge una palabra de la casilla para completar cada oración.
Escribe la palabra en la línea.

nada	Esto	Sí	solo	vi

_____
- - - - - - - - - - - - - - -

1. _____, tengo un osito.

_____
- - - - - - - - - - - - - - -

2. Juego _____ con mi osito.

_____
- - - - - - - - - - - - - - -

3. Yo no hago _____ sin mi osito.

_____
- - - - - - - - - - - - - - -

4. Yo _____ un osito así en la casa de Tito.

_____
- - - - - - - - - - - - - - -

5. _____ es un osito bonito.

Notas para el hogar: Esta semana su hijo o hija está aprendiendo a leer las palabras *sí, solo, nada, esto y vi. Actividad para el hogar:* Ayude a su hijo o hija a usar las palabras y luego escribir sobre un paseo que hayan hecho.

Mira el dibujo.
Encierra en un círculo la oración que dice lo que va a ocurrir ahora.

1. Mimi y Pepe se van a dormir.

   Mimi y Pepe van a caminar.

2. Mimi y Pepe juegan.

   Mimi está triste.

3. Mimi va a comer.

   Mimi va a leer.

4. Pepe se sienta.

   Pepe lo va a comer.

5. Mimi y Pepe van al parque.

   Mimi y Pepe van a la casa.

Notas para el hogar: Su hijo o hija predijo lo que pasaría usando información de los dibujos. *Actividad para el hogar:* Mientras lee un cuento a su hijo o hija, haga pausas para preguntarle qué piensa que va a pasar. Hablen sobre por qué lo piensa.

© Scott Foresman 1

Nombre _____

Una **oración** tiene dos partes.
La **acción** de una oración dice lo que hace
alguien o algo.

Los perros <u>caminan</u>.

Encierra en un círculo la acción en cada oración.
Une con una línea la oración y el dibujo que corresponde.

1. El sapo salta.

2. El sapo duerme.

3. El sapo salta en el lago.

4. El sapo nada en el lago.

Notas para el hogar: Su hijo o hija identificó el predicado de oraciones, la parte que presenta la acción. *Actividad para el hogar:* Escriba el principio de algunas oraciones, dando el sujeto de la oración. Anime a su hijo o hija a dar la acción.

© Scott Foresman 1

Nombre _____

Encierra en un círculo la palabra que completa cada oración.
Escribe la palabra en la línea.

sí   nada
_____
- - - - - - - - - - -

1. No quiero hacer _____ .

solo   esto
_____
- - - - - - - - - - -

2. Yo estoy _____ .

vi   nada
_____
- - - - - - - - - - -

3. Yo _____ a otro niño.

Solo   Esto
_____
- - - - - - - - - - -

4. _____ me gusta.

Sí   Nada
_____
- - - - - - - - - - -

5. _____ , tengo un amigo.

Notas para el hogar: Esta semana su hijo o hija está aprendiendo a leer las palabras *sí, solo, nada, esto* y *vi. Actividad para el hogar:* Ayude a su hijo o hija a usar las palabras para escribir un cuento sobre algo que podría hacer un pato imaginario.

Nombre _____

Di la palabra que va con cada foto.
Encierra en un círculo la palabra.

ma   me   mi   mo   mu   <u>mo</u>no

I. 	2. 	3.	4. 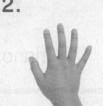
maleta cama	moto mano	mono mesa	milla melón
5. 	6. 	7.	8. 
mina mono	mulo molino	moda mago	mucho moto

Busca la palabra que va con cada foto.
Rellena el ⬭ de tu respuesta.

9. ⬭ cama
   ⬭ mapa
   ⬭ humo

10. ⬭ mapa
    ⬭ puma
    ⬭ maracas

Notas para el hogar: Su hijo o hija ha repasado palabras que contienen *ma, me, mi, mo* y *mu*.
Actividad para el hogar: Muestre a su hijo o hija fotos que contengan objetos con estas sílabas.
Pídale que diga las sílabas.

© Scott Foresman 1

Nombre _____

Subraya la palabra que corresponda al dibujo.

1.

   mesa   nene

2.

   mano   sapo

3.

   sopa   mano

4.

   mono   mesa

5.

   nene   sopa

6.

   mano   sapo

Dibuja una línea para conectar la oración con la palabra que corresponda.

7. _____ , me gusta la fruta.   nada

8. No tengo _____ .   solo

9. Estoy _____ .   Sí

Notas para el hogar: Su hijo o hija está aprendiendo palabras con *sa, se, si, so, su, na, ne, ni, no* o *nu*.
Actividad para el hogar: Pida a su hijo o hija que dibuje un niño pequeño y un mono y que use después las palabras de ortografía para rotular los dibujos.

© Scott Foresman 1

Nombre _____

Encierra en un círculo la palabra que es la acción de la oración.
Escríbela en la línea.

dos   ve

_____

1. El oso _____ la casa.

entra   no

_____

2. El oso _____ .

Une con una línea el sujeto y la acción para hacer una oración que tenga sentido.
Escribe la oración en la línea.

El mono   come miel.

El oso   bebe leche.

El gato   come bananos.

3. _____

4. _____

5. _____

© Scott Foresman 1

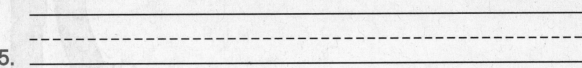

Notas para el hogar: Su hijo o hija identificó predicados, la parte de una oración que describe lo que hace una persona o una cosa. *Actividad para el hogar:* Lea un cuento con su hijo o hija. Mientras lee, cubra el predicado de algunas oraciones y anímele a pensar en cómo se podría terminar la frase.

Consejos para tomar el examen

1. Escribe tu nombre en el examen.

2. Lee cada pregunta dos veces.

3. Lee todas las respuestas posibles para cada pregunta.

4. Marca tu respuesta cuidadosamente.

5. Verifica tu respuesta.

Parte I: Vocabulario

Lee cada oración.

Marca el ⬭ de la palabra que completa la oración.

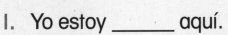

I. Yo estoy _____ aquí.

⬭ sí   ⬭ solo   ⬭ esto

---

2. Yo _____ dos gatos.

⬭ vi   ⬭ nada   ⬭ esto

---

3. _____ es bonito.

⬭ Nada   ⬭ Sí   ⬭ Esto

---

4. _____, tengo un gato.

⬭ Sí   ⬭ Nada   ⬭ Esto

---

5. Lalo no come _____

⬭ vi   ⬭ sí   ⬭ nada

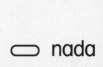

Sigue ➡

Nombre _____

Parte 2: Comprensión

Lee cada pregunta.

Rellena el ⬭ de tu respuesta.

6. ¿Qué hizo el niño?
   - ⬭ salió de paseo
   - ⬭ durmió
   - ⬭ lloró

7. Primero, vio
   - ⬭ a una vaca.
   - ⬭ a un pato.
   - ⬭ a un gato.

8. ¿Qué hicieron los animales?
   - ⬭ correr
   - ⬭ seguirlo
   - ⬭ sentarse

9. El niño
   - ⬭ está triste.
   - ⬭ come.
   - ⬭ se divierte.

10. ¿Qué va a hacer el niño?
    - ⬭ comprar un gato
    - ⬭ jugar con los animales
    - ⬭ ver a dos patos

Nombre _____

 lupa   piñata    pelo   pollo    puma

Encierra en un círculo la palabra que va con cada foto.

I. 	pato nube	2. 	sol perro
3. 	pino luna	4. 	poni ala
5.	mapa pesa	6. 	pelota oso

Busca la palabra que va con cada foto.
Rellena el ⬭ de tu respuesta.

7. ⬭ piñata
   ⬭ pico
   ⬭ mapa

8. ⬭ abeja
   ⬭ sopa
   ⬭ piña

 Notas para el hogar: Su hijo o hija ha practicado nuevamente palabras que contienen *pa, pe, pi, po* y *pu*.
Actividad para el hogar: Muestre a su hijo o hija un cuento que contenga palabras con estas sílabas.
Ayude a su hijo o hija a repetir las palabras.

Nombre _____

Subraya la palabra que corresponda al dibujo.

1. Yo me siento a la _____ .

mesa

sopa

2. Me encanta tomar _____.

sopa

pesa

3. Tengo un vaso en la _____ .

nada

mano

4. Soy un _____.

sapo

nene

Subraya la palabra que corresponda al dibujo.

5.

mono

mesa

6.

sapo

pesa

Escoge la palabra de la casilla que cabe
en las cajitas.

sí   sapo

7.

8.

Notas para el hogar: Su hijo o hija está aprendiendo palabras con *sa, se, si, so, su, na, ne, ni, no o nu*.
Actividad para el hogar: Juegue a un juego con su hijo o hija. Uno de ustedes representa una palabra de
ortografía mientras el otro adivina la palabra.

En familia

Lalo y Didi

Federico y el mar

El paseo de Dalila

El bote de vela
sale a navegar
por todo lo lindo
que se ha puesto el mar.

Durante el paseo,
lado a lado va
y ya sin aliento
parece quedar.

Cuando la lunita
en el cielo está,
el bote de vela
se va a descansar.

Esta rima contiene palabras que su hijo o hija ha practicado en la escuela: palabras que empiezan por *la, le, li, lo, lu, da, de, di, do o du*. Léale la rima y luego léala de nuevo con su hijo o hija. Pídale que dé una palmada cada vez que lea una palabra que empiece por *la, le, li, lo, lu, da, de, di, do o du*.

(doblar aquí)

Nombre : _____

1

Usted es el mejor maestro de su hijo o hija, ¡y el más importante!

Aquí tiene una serie de actividades para ayudar a su hijo o hija con las distintas destrezas de una manera divertida.

Día 1 Por turnos, digan palabras que empiecen por una sílaba con *l* o con *d*.

Día 2 Ayude a su hijo o hija a escribir el mayor número posible de oraciones con las palabras *la, luna, de, dos e y.*

Día 3 Su hijo o hija está aprendiendo a distinguir dónde se desarrolla la acción de un cuento. Lean un cuento o miren la televisión juntos y pregúntele dónde se desarrolla la acción.

Día 4 Su hijo o hija ha aprendido a escribir oraciones con palabras ordenadas o en secuencia. Escriba una oración sencilla. Recorte las palabras y espárzalas sobre la mesa. Pídale que las ponga en orden.

Día 5 Su hijo o hija está escribiendo un poema con la ayuda de sus compañeros de clase. Como práctica adicional, ayúdele a escribir pares de oraciones que rimen. Traten de usar palabras sencillas.

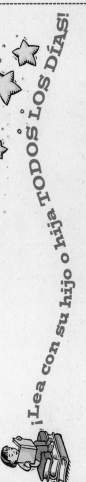

¡Lea con su hijo o hija TODOS LOS DÍAS!

4

Pescasílabas

Materiales   papel, marcador, tijeras,
10 sujetapapeles, cordel de unas 24 pulgadas,
imán pequeño, regla (o cuchara de madera)

Instrucciones del juego

1. Prepare 10 pescaditos de papel como los de la página 3.

2. Ate con el cordel la regla (o la cuchara) y el imán.

3. Enganche cada pescadito a un sujetapapeles. Distribuya los pescados por el piso. Por turnos, pesquen con su "anzuelo magnético".

4. Los jugadores deben decir una palabra que empiece por la sílaba del pescadito que pesquen.

5. ¡Gana quien logre decir más palabras!

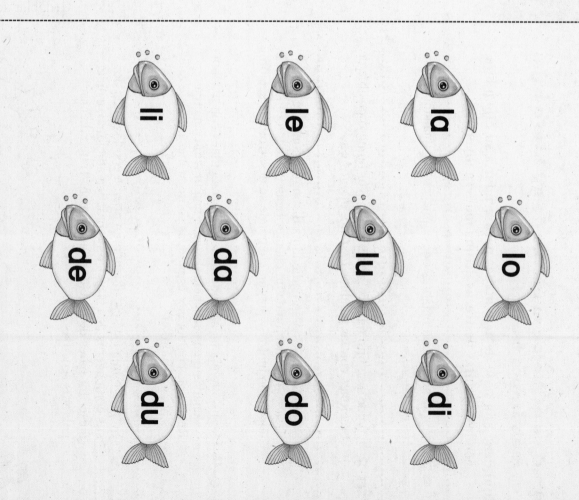

li le la de da lu lo du do di

Nombre _____

Escribe en la línea la primera sílaba de la palabra
que va con cada foto.

<u>li</u>bro

---

1. _____
   - - - - - - - -
   _____**go**

---

2. _____
   - - - - - - - -
   _____**ma**

---

3. _____
   - - - - - - - -
   _____**na**

---

4. _____
   - - - - - - - -
   _____**ña**

---

5. _____
   - - - - - - - -
   _____**bo**

Notas para el hogar: Su hijo o hija ha identificado palabras que contienen *la, le, li, lo* y *lu*. ***Actividad
para el hogar:*** Escriba una lista con su hijo o hija de palabras que contengan estas sílabas. Pídale que las
lea.

© Scott Foresman   1

Nombre _____

Encierra en un círculo la palabra que complete la oración.
Escribe en la línea la primera sílaba de la palabra.

dado   nene
_____
- - - - -
1. Es un _____do.

oreja   dedo
_____
- - - - -
2. Es mi _____do.

dinero   mapa
_____
- - - - -
3. Tengo _____nero.

Mido   Pido
_____
- - - - -
4. _____do la mesa.

dama   duro
_____
- - - - -
5. Dale _____ro a la piñata.

Notas para el hogar: Su hijo o hija ha estado leyendo y escribiendo palabras que contienen *da, de, di, do*
y *du*. *Actividad para el hogar:* Muestre a su hijo o hija fotos con objetos que tengan estas sílabas. Ayude
a su hijo o hija a repetir estas palabras.

Nombre _____

Escoge una palabra de la casilla para completar cada oración.
Escribe la palabra en la línea.

| de | dos | y | la | luna |

1. Ana mira _____ foto.

2. Ella ve _____ perros.

3. Son los perros _____ Pepe.

4. Ella _____ Pepe son amigos.

5. Yo miro la _____ .

Notas para el hogar: Esta semana su hijo o hija está aprendiendo a leer las palabras *de, dos, y, luna* y *la.*
Actividad para el hogar: Mientras lee junto a su hijo o hija, anímele a que señale estas palabras.

Nombre _____

Mira cada dibujo que muestra cuándo ocurre algo.
Encierra en un círculo el dibujo que muestra lo que ocurre **hoy**.

1.

2.

Mira cada dibujo que muestra dónde ocurre algo.
Encierra en un círculo el dibujo que muestra un lugar **real**.

3.

4.

Haz un dibujo de un lugar **imaginario**.

5.

Notas para el hogar: Su hijo o hija identificó cuándo y dónde tomaron lugar algunos cuentos. *Actividad para el hogar:* Mientras lee cuentos con su hijo o hija, hágale preguntas tales como: *¿Podría este cuento pasar hoy? ¿Sucede en un lugar que podría ser real?*

Nombre _____

El orden de las palabras nos dice lo que significa una oración.

Corresponde al significado
del dibujo:
Dani patea la pelota.

No corresponde al significado
del dibujo:
La pelota patea a Dani.

Mira cada dibujo.
Encierra en un círculo la oración que corresponde al significado
del dibujo.

1.

La maleta está encima del mono.

El mono está encima de la maleta.

2.

Pepe y Lalo miran los peces.

Los peces miran a Pepe y a Lalo.

3.

Ana y Elena dibujan un pez y un gato.

Un pez y un gato dibujan a Ana y a Elena.

4.

Papá corre hacia Lulú.

Lulú corre hacia papá.

Escribe una oración para el dibujo.
Pon las palabras en el orden correcto.

5. _____

_____

_____

Notas para el hogar: Su hijo o hija usó palabras en oraciones en un orden que tiene sentido para cada dibujo. *Actividad para el hogar:* En tiras de papel, escriba oraciones simples que su hijo o hija pueda leer. Córtelas y pídale que ponga las palabras en un orden que tenga sentido.

Escoge una palabra de la casilla para completar cada oración.
Escribe la palabra en la línea.

la   luna   de   y   miedo   dos

_____
- - - - - - - -
1. Gabi _____ Lola están en el mar.

_____
- - - - - - - -
2. Gabi juega con _____ ola.

_____
- - - - - - - - - - -
3. Lalo tiene _____ peces.

_____
- - - - - - - - - - -
4. Quiero un vaso _____ agua.

_____
- - - - - - - - - - -
5. Lalo le tiene _____ al mar.

_____
- - - - - - - - - - -
6. La _____ sale.

Notas para el hogar: Esta semana su hijo o hija está aprendiendo a leer las palabras *la, luna, de, dos* e *y*.
Actividad para el hogar: Escriba estas palabras en una hoja de papel. Después pida a su hijo o hija que lea las palabras y que las use para contar un día que pasó en la playa.

Nombre _____

Di la palabra que va con cada foto.
Encierra en un círculo la palabra.

| sa | se | si | so | su |

I.
casa
ala

2.
mesa
sofá

3.
mapa
silla

4. **1+1=2**
suma
luna

5.
pato
sopa

6.
soga
solo

7.
sapo
mago

8.
mono
mesa

Busca la palabra que va con cada foto.
Rellena el ⬭ de tu respuesta.

9. ⬭ lobo
⬭ sala
⬭ dedo

10. ⬭ señor
⬭ silla
⬭ nido

Notas para el hogar: Su hijo o hija ha practicado nuevamente palabras con *sa, se, si, so* y *su*.
Actividad para el hogar: Ayude a su hijo o hija a buscar objetos en casa que contengan alguna de estas sílabas.

© Scott Foresman 1

Nombre _____

Escoge la palabra de la casilla que completa la oración.
Escribe la palabra en la línea.

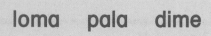
loma   pala   dime

_____

1. _____ lo que tengo que hacer.

2. Hago una _____ de arena.

3. Uso una _____ .

Subraya la palabra que corresponda al dibujo.

4.

lima   dime

5.

dedo   luna

6.

lodo   luna

Escribe cada palabra.

7. lodo

_____

8. de

_____

9. la

_____

Notas para el hogar: Su hijo o hija está aprendiendo palabras con *da, de, di, do, du, la, le, li, lo* o *lu*.
Actividad para el hogar: Ayude a su hijo o hija a contar un cuento divertido acerca del lodo. Pídale que use palabras de ortografía en el cuento.

58 Ortografía: Palabras con *da, de, di, do, du, la, le, li, lo, lu*   **Nivel 1.2**

© Scott Foresman 1

Nombre _____

Encierra un círculo la oración que habla sobre el dibujo.

1. La pelota lanza a Didi.

   Didi lanza la pelota.

2. Un pez tiene el hombre.

   El hombre tiene un pez.

3. El ratón está en la basura.

   La basura está en el ratón.

4. A Sami y Teo les gustan los osos.

   A los osos les gustan Sami y Teo.

Escribe una oración para hablar sobre el dibujo.

5.

_____

_____

_____

Notas para el hogar: Su hijo o hija identificó el orden correcto de palabras en oraciones. *Actividad para el hogar:* Escriba oraciones cortas y completas que su hijo o hija pueda leer *(Ted está triste)*. Córtelas y pídale que ponga las palabras en el orden correcto para hacer una oración que tenga sentido.

Consejos para tomar el examen

1. Escribe tu nombre en el examen.

2. Lee cada pregunta dos veces.

3. Lee todas las respuestas posibles para cada pregunta.

4. Marca tu respuesta cuidadosamente.

5. Verifica tu respuesta.

Parte I: Vocabulario

Lee cada oración.
Rellena el ⬭ de tu respuesta.

1. El gato está en _____ cama.
   - ⬭ miedo
   - ⬭ la
   - ⬭ y

2. Lalo _____ yo vamos al mar.
   - ⬭ y
   - ⬭ luna
   - ⬭ dos

3. ¿Ves la _____ ?
   - ⬭ de
   - ⬭ miedo
   - ⬭ luna

4. Veo _____ peces.
   - ⬭ luna
   - ⬭ dos
   - ⬭ de

5. Es el gato _____ Mimi.
   - ⬭ miedo
   - ⬭ de
   - ⬭ la

Sigue

Parte 2: Comprensión

Lee cada oración.
Rellena el ⬭ de tu respuesta.

6. Federico va a la playa con
   - ⬭ su papá y su mamá.
   - ⬭ sus abuelos.
   - ⬭ un amigo.

7. Federico no quiere
   - ⬭ tomar sol.
   - ⬭ jugar con la arena.
   - ⬭ ir al agua.

8. ¿Qué piensa Federico del mar?
   - ⬭ le parece bonito
   - ⬭ le da miedo
   - ⬭ no le gusta

9. ¿Cómo se moja Federico al principio?
   - ⬭ en una pequeña laguna
   - ⬭ con las olas del mar
   - ⬭ con agua de una cubeta

10. ¿Cómo se siente Federico al final?
    - ⬭ triste
    - ⬭ asustado
    - ⬭ contento

Nombre _____

naranja   **ni**do   **ne**ne   **ni**ña   **nu**do

Usa las sílabas de la casilla.
Escribe una sílaba en la línea
para completar la palabra.

na   ne   ni   no   nu

---

1. 	2. 	3.	4. 
_____ne	_____be	_____riz	_____ño

---

5. 	6. 	7. 	8.
_____che	mo_____	_____ve	_____ta

Busca la palabra que va con cada foto.
Rellena el ⬭ de tu respuesta.

9. ⬭ masa
   ⬭ silla
   ⬭ luna

10. ⬭ nido
    ⬭ sana
    ⬭ mano

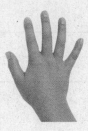

 Notas para el hogar: Su hijo o hija ha estado practicando nuevamente palabras con *na, ne, ni, no* y *nu*.
Actividad para el hogar: Lea un cuento en voz alta a su hijo o hija. Pídale que haga una lista con las
palabras del cuento que comiencen con estas sílabas.

Nombre _____

Subraya la palabra que corresponda al dibujo.

1.

   luna   loma

2.

   dedo   loma

3.

   dedo   pala

Escribe do para hacer una palabra de la casilla.

saludo   dedo   lodo

4. de_____

5. lo_____

6. salu_____

Pon las letras en order para formar una palabra de la casilla.

lima   dime

7. medi

8. amli

Notas para el hogar: Su hijo o hija está aprendiendo a escribir palabras con *la, le, li, lo, lu, da, de, di, do* o *du*. *Actividad para el hogar:* Diga las palabras de ortografía. Pida a su hijo o hija que las use en oraciones.

© Scott Foresman 1

En família

Los animales de la finca — Los hogares de los animales

Los animales que te gustan

Don Pirulí, a la buena, buena, buena.
Así, así, así, así el señor don Gato.
Así, así, así, así te gusta a ti.

Don Pirulí, a la buena, buena, buena.
Así, así, así, así doña Jirafa.
Así, así, así, así te gusta a ti.

Don Pirulí, a la buena, buena, buena.
Así, así, así, así el señor don Búfalo.
Así, así, así, así te gusta a ti.

Don Pirulí, a la buena, buena, buena.
Así, así, así, así la señora Foca.
Así, así, así, así te gusta a ti.

Esta rima contiene palabras que su hijo o hija ha practicado en la escuela: palabras con *ta, te, ti, to, tu, fa, fe, fi, fo y fu.* Lean juntos la rima, den un salto cuando escuchen una palabra con *ta, te, ti, to* o *tu,* y den una palmada cuando escuchen una palabra con *fa, fe, fi, fo* o *fu.*

(doblar aquí)

Nombre : _____

Usted es el mejor maestro de su hijo o hija, ¡y el más importante!

Aquí tiene una serie de actividades para ayudar a su hijo o hija con las distintas destrezas de una manera divertida.

Día 1 Lea un cuento con su hijo o hija. Ayúdele a buscar las palabras con *ta, te, ti, to, tu, fa, fe, fi, fo o fu.*

Día 2 Pídale que diga oraciones sencillas con las palabras *tan, tú, fin, feo y estoy.*

Día 3 Su hijo o hija está aprendiendo a entender por qué un autor escribe un libro, y está usando esa información para predecir el tema del que trata. Muéstrele algunos libros que no sean de ficción. Pregúntele: *¿De qué crees que trata este libro? ¿Por qué?*

Día 4 Su hijo o hija está aprendiendo a reconocer las afirmaciones (oraciones que enuncian algo). Señale algunas oraciones en un texto. Pídale que distinga cuáles son afirmaciones y pregúntele por qué.

Día 5 Antes de leerle un poema, pídale que escuche algo específico, como un ritmo, una rima o algún otro sonido relacionado con dicho poema.

¡Lea con su hijo o hija TODOS LOS DÍAS!

Salta, salta sin parar

Materiales   papel, marcador, tijeras, bolsa, 1 ficha
por jugador

Instrucciones del juego

1. Escriba las preguntas de la página 3 en una hoja de
papel. Recorte las preguntas una por una y métalas
en la bolsa.

2. Los jugadores ponen su ficha en la casilla de
Salida. Por turnos, cada jugador sacará una
pregunta de la bolsa y dirá la respuesta.

3. Cada vez que un jugador responda correctamente,
avanzará a la siguiente casilla. (Abajo tiene una
serie de respuestas posibles).

4. ¡El jugador que llegue primero a la **Meta** es el
ganador!

Respuestas posibles (por orden):
futuro, tina, tuno, fila,
toro, foco, taza, foca, tubo, oso.

Salida

Empieza por to_	Empieza por fi_
Empieza por fo_	Empieza por fu_
Empieza por ta_	Empieza por ti_
Empieza por fo_	Empieza por ta_
Empieza por tu_	Empieza por fa_

Meta

Nombre _____

Di la palabra de cada foto.
Encierra en un círculo la foto si la palabra
contiene **ta**, **te**, **ti**, **to** o **tu**.

1.

2.

3.

4.

5.

6.

7.

8.

9.

10.

Notas para el hogar: Su hijo o hija ha identificado palabras con *ta, te, ti, to* y *tu*. ***Actividad para el hogar:*** Ayude a su hijo o hija a usar algunas de estas palabras para construir una serie de oraciones cortas.

Nombre _____

Encierra en un círculo la palabra que va con cada foto.

1.

foto   nena

2.

papa   fila

3.

triste   feliz

4.

maleta   foca

5.

jirafa   mesa

6.

fideos   naranja

Dibuja el objeto que va con cada palabra.

7. sofá

8. feria

Notas para el hogar: Su hijo o hija ha estado practicando palabras con *fa, fe, fi, fo* y *fu*.
Actividad para el hogar: Pida a su hijo o hija que mencione objetos de casa que contengan estas sílabas.

Nombre _____

Encierra en un círculo la palabra que complete cada oración.
Escribe la palabra en la línea.

Fin   Estoy

_____
- - - - - - - - - - -
1. _____ feliz.

tú   fin

_____
- - - - - - - - - - -
2. ¿Cómo te llamas _____ ?

tan   fin

_____
- - - - - - - - - - -
3. El mar es _____ bonito.

estoy   feo

_____
- - - - - - - - - - -
4. Este pez es _____ .

fin   tú

_____
- - - - - - - - - - -
5. Al _____ llegó Pepe.

Notas para el hogar: Esta semana su hijo o hija está aprendiendo a leer las palabras *tan, tú, fin, feo* y *estoy*. **Actividad para el hogar:** Ayude a su hijo o hija a inventar oraciones que contengan las palabras. Pídale que haga dibujos que correspondan a cada oración.

© Scott Foresman 1

Nombre _____

Encierra en un círculo los cuatro libros que podrían hablar sobre algo real.

1.  Las ranas

2.  Sami el Sapo

3.  Los aviones

4.  Las plantas

5.  El cerdito Paco

6.  Soy el Carrito Carlos

7.  El espacio

8.  Cuento del perro

---

Piensa en un libro que hable sobre algo real.
Escribe su nombre en la línea.
Haz un dibujo que muestre sobre qué habla el libro.

9. _____

10.

Notas para el hogar: Su hijo o hija aprendió a averiguar de qué trata un libro deduciendo por qué se escribió. *Actividad para el hogar:* Mientras lee diversos textos con su hijo o hija, pídale que le diga de qué trata cada uno y por qué fue escrito.

Nombre _____

Una **afirmación** nos dice algo.
Empieza con una mayúscula.
Termina en un .

Él ve muchos peces.

Corrige cada oración.
Escríbela en la línea.

1. veo seis peces

_____

_ _ _ _ _ _ _ _ _ _ _ _ _ _ _ _ _ _ _

_____

2. veo una jirafa

_____

_ _ _ _ _ _ _ _ _ _ _ _ _ _ _ _ _ _ _

_____

3. dos peces son azules

_____

_ _ _ _ _ _ _ _ _ _ _ _ _ _ _ _ _ _ _

_____

4. el topo mira

_____

_ _ _ _ _ _ _ _ _ _ _ _ _ _ _ _ _ _ _

_____

5. la foca nada en el agua

_____

_ _ _ _ _ _ _ _ _ _ _ _ _ _ _ _ _ _ _

_____

Notas para el hogar: Su hijo o hija escribió y puso los signos de puntuación a afirmaciones, oraciones que nos dicen algo. *Actividad para el hogar:* Túrnese con su hijo o hija escribiendo declaraciones que digan lo que ven en la habitación. Ayude a su hijo o hija a escribir palabras si es necesario.

Nombre _____

Escoge una palabra de la casilla para completar cada oración.
Escribe la palabra en la línea.

| Estoy | Tú | feo | fin | tan |

1. _____ tienes un perro.

2. _____ feliz con mi gato.

3. Este perro es _____ .

4. El perro está _____ bonito.

5. Éste es el _____ .

Notas para el hogar: Esta semana su hijo o hija está aprendiendo a leer las palabras *tan, tú, fin, feo* y *estoy*. **Actividad para el hogar:** Diga cada palabra y pida a su hijo o hija que la use en una oración. Ayúdele a hacer dibujos para las oraciones.

Nombre _____

Los animales de la finca

Los hogares de los animales

Encierra en un círculo la palabra que complete cada oración.
Escribe la palabra en la línea.

lago   pozo

_____

I. El pato está en el _____ .

búho   loro

_____

2. Hay un _____ .

luna   nube

_____

3. Mira la _____ .

leche   lobo

_____

4. Tomo la _____ .

libro   lana

_____

5. Pepe lee un _____ .

Notas para el hogar: Su hijo o hija ha estado repasando palabras con *la, le, li, lo* y *lu*. *Actividad para el hogar:* Ayude a su hijo o hija a hacer pequeñas oraciones que contengan palabras con estas sílabas.

© Scott Foresman 1

Nivel 1.2
Fonética: Sílabas abiertas con *l* / Repaso **73**

lata   fila   tapa   fino

Escribe dos palabras de la casilla con la sílaba **ta**.

_____   _____
- - - - - - - - - - - -   - - - - - - - - - - - -
1. _____   2. _____

Escribe dos palabras de la casilla con la sílaba **fi**.

_____   _____
- - - - - - - - - - - -   - - - - - - - - - - - -
3. _____   4. _____

Subraya la palabra que corresponda al dibujo.

5. Es un _____.   sofá
                    feo

6. La _____ es bonita.   tú
                           tela

Escoge la palabra de la casilla que cabe en las cajitas.

feo   tú

7. [ ][ ]   8. [ ][ ][ ]

Notas para el hogar: Su hijo o hija está aprendiendo a escribir palabras con *ta, te, ti, to, tu, fa, fe, fi, fo* o *fu*. **Actividad para el hogar:** Ayude a su hijo o hija a rotular objetos domésticos, como *sofá* o *lata*, con la ortografía correcta.

Nombre _____

Encierra en un círculo el grupo de palabras que representa una oración.
Escríbela en una línea.
Añade una mayúscula y un punto.

I. con la rana   el perro ve la rana

_____

- -

_____

2. una rana   es una rana grande

_____

- -

_____

3. no salta   la rana

_____

- -

_____

4. el perro en el lago   el perro va al lago

_____

- -

_____

5. la rana se va   rana y perro

_____

- -

_____

Notas para el hogar: Su hijo o hija repasó las afirmaciones, oraciones que nos dicen algo. *Actividad para el hogar:* Anime a su hijo o hija a escoger algunos temas de conversación escribiendo oraciones en una hoja. Sugiera a los otros miembros de la familia, por ejemplo mientras cenan, que lean una frase y hablen sobre el tema.

Nombre _____

Consejos para tomar el examen

1. Escribe tu nombre en el examen.

2. Lee cada pregunta dos veces.

3. Lee todas las respuestas posibles para cada pregunta.

4. Marca tu respuesta cuidadosamente.

5. Verifica tu respuesta.

Nombre _____

Parte I: Vocabulario

Lee cada oración.
Rellena el ⬭ de tu respuesta.

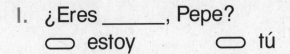

1. ¿Eres _____, Pepe?
   ⬭ estoy   ⬭ tú   ⬭ tan

2. El sapo es _____ .
   ⬭ feo   ⬭ fin   ⬭ tan

3. Yo estoy _____ feliz.
   ⬭ fin   ⬭ tan   ⬭ estoy

---

4. _____ feliz con mi rana.
   ⬭ Estoy   ⬭ Fin   ⬭ Tan

5. Por _____ está aquí la foca.
   ⬭ tan   ⬭ estoy   ⬭ fin

Sigue ➡

© Scott Foresman 1

Nombre _____

Parte 2: Comprensión

Lee cada oración.

Rellena el ⬭ de tu respuesta.

6. Los tres animales de la selección son
   - ⬭ el camello, el tigre y el león.
   - ⬭ la foca, la jirafa y el topo.
   - ⬭ el perro, el gato y el ratón.

7. La foca vive
   - ⬭ en la selva.
   - ⬭ en el mar.
   - ⬭ debajo de la tierra.

8. La jirafa vive
   - ⬭ en la selva.
   - ⬭ en el mar.
   - ⬭ debajo de la tierra.

9. El topo vive
   - ⬭ en la selva.
   - ⬭ en el mar.
   - ⬭ debajo de la tierra.

10. ¿Qué come la jirafa?
    - ⬭ las hojas de los árboles
    - ⬭ animales pequeños
    - ⬭ frutas del suelo

ALTO

Nombre _____

Encierra en un círculo la palabra que va con cada foto.

I.
moneda
candado

2.
médico
cuchara

3.
boca
dinero

4.
lodo
dado

5.
doce
años

6.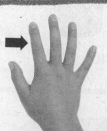
oreja
dedo

7.
rodilla
noche

8.
ducha
pan

Busca la palabra que va con cada foto.
Rellena el ⬭ de tu respuesta.

9. ⬭ dado
⬭ dama
⬭ dele

10. ⬭ niño
⬭ foca
⬭ nido

Notas para el hogar: Su hijo o hija ha repasado palabras con *da, de, di, do* y *du*. **Actividad para el hogar:**
Muestre a su hijo o hija fotos que contengan objetos con estas sílabas. Pídale que diga las palabras.

© Scott Foresman 1

Nombre _____

Subraya la palabra que corresponda al dibujo.

I.  teléfono lata	2.  tomate sofá
3.  tela lata	4.  tapa lata
5.  tomate sofá	6.  tela teléfono

Escribe **fi** para hacer una palabra de la casilla.

fila   fino

7. _____ no

8. _____ la

Notas para el hogar: Su hijo o hija está aprendiendo a escribir palabras con *ta, te, ti, to, tu, fa, fe, fi, fo* o *fu*. *Actividad para el hogar:* Junto con su hijo o hija inventen un cuento. Túrnense para añadir oraciones al cuento.

© Scott Foresman 1

En familia

Gato Goloso y Lobita Bonita

La cinturita de Anansi

Buena compañía

El gatito Jacobo
con Gusano comía
un bocadito,
en su compañía.

Orgulloso llevaba
un pegotito.
Arriba y arriba,
arriba y arriba iré.

Él se manchó,
manchó, manchó.
Un pegote
en el bigote.

Esta rima contiene palabras que su hijo o hija ha practicado en la escuela: palabras con *ga, go, gu, ba, be, bi, bo y bu.* Léale la rima y luego léanla juntos. Mientras leen, pídale que vaya representando lo que cuenta la rima.

(doblar aquí)

Nombre : _____

Usted es el mejor maestro de su hijo o hija, ¡y el más importante!

Aquí tiene una serie de actividades para ayudar a su hijo o hija con las distintas destrezas de una manera divertida.

Día 1 Por turnos, representen una palabra que empiece por *ga, go, gu, ba, be, bi, bo o bu.* La otra persona tiene que adivinar la palabra.

Día 2 Pida a su hijo o hija que construya oraciones sencillas con las palabras *gato, gustar, muy, bonito y dijo.*

Día 3 Su hijo o hija está aprendiendo los conceptos de causa y efecto. Miren juntos fotografías de una revista y pregúntele: *¿Qué sucedió?* (efecto) *¿Por qué sucedió?* (causa)

Día 4 Su hijo o hija está aprendiendo a construir oraciones sencillas para preguntar sobre algo o alguien, y a responder a este tipo de preguntas. Ayúdele a hacer preguntas sobre objetos de la casa y a contestar a sus propias preguntas.

Día 5 Pídale que se autorretrate y que titule su dibujo *"Todo sobre mí".* Escriban juntos datos que acompañen al dibujo.

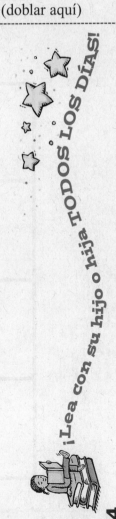

¡Lea con su hijo o hija TODOS LOS DÍAS!

¿Cuál es tu oración?

Materiales tarjetas, marcador

Instrucciones del juego

1. Los jugadores comienzan con 6 tarjetas con las palabras *el, la, es, un, una, muy*.

2. Escriba las palabras de la página 3 en tarjetas. Ponga las tarjetas boca abajo.

3. Cada jugador toma 5 tarjetas y trata de construir la oración más larga posible con sus 11 tarjetas. Después, vuelve a colocar las 5 tarjetas que tomó boca abajo sobre la mesa.

4. Cada palabra de la oración vale un punto. ¡El primer jugador que obtenga 15 puntos es el ganador!

| gato | bonito | es | bebé | un | bonito |

| es | un | gato | bonito | | el |

ballena	azul	gorila	bate
gato	cómica	burro	bonito
gallina	gorra	camina	gusano
gallo	verde	banana	bebé
bigote	llora	bola	boda

2

3

Encierra en un círculo la palabra que va con cada foto.

I.

mano   gato

2.

gota   nena

3.

libro   gorra

4.

casa   lago

5.

gusano   oso

6.

oreja   gallo

7.

foca   gafas

8.

soga   cama

9.

gorila   abeja

Escribe una palabra que comience
con **ga**, **go** o **gu**.
Haz un dibujo de la palabra que
has escogido.

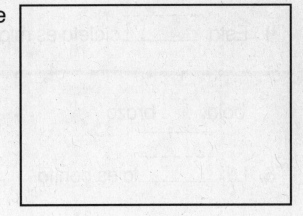

_____

10. _____

Notas para el hogar: Su hijo o hija ha estado practicando palabras que empiezan con *ga, go* y *gu*.
Actividad para el hogar: Escriba en hojas de papel las sílabas *ga, go* y *gu*. Pida a su hijo o hija que
escriba palabras que comiencen con estas sílabas.

Encierra en un círculo la palabra que corresponda a cada dibujo.
Escribe la palabra en la línea.

---

bebé   café
_____
- - - - - - - - - - - - -
1. Este _____ es bonito.

---

vaso   bate
_____
- - - - - -
2. El _____te es de mi amigo.

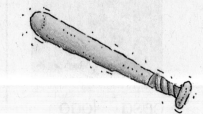

---

beso   búho
_____
- - - - - -
3. El _____ho está dormido.

---

bicicleta   hoja
_____
- - - - - -
4. Esta _____cicleta es mía.

---

bola   brazo
_____
- - - - - -
5. La _____la es bonita.

Notas para el hogar: Su hijo o hija ha estado leyendo y escribiendo palabras con *ba, be, bi, bo* y *bu*.
Actividad para el hogar: Ayude a su hijo o hija a escribir palabras que contengan éstas sílabas.

Escoge una palabra de la casilla para completar cada oración.
Escribe la palabra en la línea.

| muy | gustar | gato | bonito | dijo |

_____
- - - - - - - - - - - - - - -
1. Este vaso es _____ .

_____
- - - - - - - - - - - - - - -
2. Te va a _____ esta sopa.

_____
- - - - - - - - - - - - - - -
3. Esta sopa está _____ rica.

_____
- - - - - - - - - - - - - - -
4. El _____ toma leche.

_____
- - - - - - - - - - - - - - -
5. Él _____ : —Le gusta.

Notas para el hogar: Esta semana su hijo o hija está aprendiendo a leer las palabras *gato, gustar, muy, bonito* y *dijo*. **Actividad para el hogar:** Anime a su hijo o hija a usar las palabras para inventarse un cuento sobre una persona o animal. Ayúdele a escribir el cuento y a leerlo en voz alta.

Mira el primer dibujo. ¿Qué ocurrió?
Encierra en un círculo el dibujo que muestra por qué ocurrió eso.

I.

2.

3

4

Mira el dibujo. **Haz un dibujo** de lo que ocurrió antes.

5.

Notas para el hogar: Su hijo o hija identificó causas (por qué ocurre algo) y efectos (lo que ocurre).
Actividad para el hogar: Haga que su hijo o hija preste atención a las causas y los efectos, preguntando
por ejemplo: *¿Qué hizo que esto pasara? ¿Qué pasaría si...?*

© Scott Foresman 1

Una **pregunta** pide información.

Empieza con un ¿ y una mayúscula.

Termina con un ?.

Ésta es una pregunta: ¿Están todos aquí?

Corrige cada oración.

Escríbela en la línea.

I. te gusta la leche

_____

- -

_____

2. me puedes dar eso

_____

- -

_____

3. es mi mapa

_____

- -

_____

4. dónde está su mapa

_____

- -

_____

5. nos vamos

_____

- -

_____

Notas para el hogar: Su hijo o hija escribió preguntas. *Actividad para el hogar:* Juege así con su hijo o hija: esconda un objeto y haga que su hijo o hija le haga preguntas para averiguar dónde está escondido. Luego escriban juntos algunas de las preguntas.

Nombre _____

Escoge una palabra de la casilla para completar cada oración.
Escribe la palabra en la línea.

| muy | gustar | gato | bonito | dijo |

_____

- - - - - - - - - - - - - - - -

1. Te va a _____ .

_____

- - - - - - - - - - - - - - -

2. Este plato se ve _____ .

_____

- - - - - - - - - - - -

3. David _____: —¡A comer!

_____

- - - - - - - - - - - - - -

4. El _____ toma leche.

_____

- - - - - - - - - - - -

5. Esa comida es _____ rica.

Notas para el hogar: Esta semana su hijo o hija está aprendiendo a leer las palabras *gato, gustar, muy, bonito* y *dijo*. **Actividad para el hogar:** Ayude a su hijo o hija a usar las palabras para escribir un cuento sobre una cena especial.

Nombre _____

Encierra en un círculo la palabra que va con cada foto.

I.

pato
oso

2.

tubo
sofá

3.

tomate
lechuga

4.

taza
libro

5.

gato
tigre

6.

topo
oso

7.

doce
tijeras

8.

tenedor
mesa

Busca la palabra que va con cada foto.
Rellena el ⬭ de tu respuesta.

9.
⬭ taco
⬭ tela
⬭ lata

10.
⬭ meta
⬭ foto
⬭ mete

Notas para el hogar: Su hijo o hija ha repasado palabras que contienen *ta, te, ti, to* y *tu*. **Actividad para**
el hogar: Muestre a su hijo o hija un cuento que contenga palabras con estas sílabas. Ayude a su hijo o
hija a encontrar estas palabras.

© Scott Foresman   1

Escoge la palabra que mejor completa la oración.
Subraya la palabra.

1. Yo vi una _____ .
   bonito
   nube

2. ¿Dónde está mi _____ ?
   bota
   nube

3. Anita es mi _____ .
   amiga
   gota

4. Quiero una _____ .
   nube
   bebida

Escoge la palabra de la casilla que
corresponda con cada pista.

bonito   gota

5. Rima con **bota**.

   _____
   - - - - - - - - - - - - -
   _____

6. No soy **feo**. Soy

   _____
   - - - - - - - - - - - -
   _____ .

Escoge la palabra de la casilla que cabe en las cajitas.

7.					

8.			

gato
gusano

Notas para el hogar: Su hijo o hija está aprendiendo a escribir palabras con *ga, go, gu, ba, be, bi, bo* o *bu*. *Actividad para el hogar:* Pida a su hijo o hija que haga un dibujo y que use las palabras de ortografía para rotular los detalles del dibujo.

© Scott Foresman 1

Si quieres escribir algo sobre ti, puedes usar las palabras *me gusta* o *me gustan*.

Escoge una palabra del cuadro para terminar cada oración.
Escribe la palabra en la línea.

> monos   sopa   lodo   uvas

1. Me gustan los _____ .

2. Me gustan las _____ .

3. Me gusta la _____ .

4. Me gusta el _____ .

Escribe una oración sobre algo que te gusta.

5. _____

Notas para el hogar: Su hijo o hija escribió oraciones simples sobre sí mismo. *Actividad para el hogar:* Escriban algunas oraciones sencillas sobre las cosas favoritas de su hijo o hija.

Nombre _____

Inventa una pregunta para cada respuesta.
Escribe la pregunta en la línea.

_____
- -
_____

1. Gabi tiene un gato.

_____
- -
_____

2. ¡A Gabi le gusta mucho el gato!

_____
- -
_____

3. El gato bebe leche.

_____
- -
_____

4. Gabi corre al parque.

_____
- -
_____

5. El gato está en la casa.

Notas para el hogar: Su hijo o hija escribió preguntas. *Actividad para el hogar:* Anime a su hijo o hija a escribir preguntas para hacerle a usted, usando las palabras *cómo, qué y dónde.* Si es necesario, ayude a su hijo o hija con la ortografía. Asegúrese de que ponga los signos de interrogación.

Parte 1: Vocabulario

Lee cada oración.
Rellena el ⬭ de tu respuesta.

1. Los niños cantan _____ .
   ⬭ muy   ⬭ dijo   ⬭ bonito

2. El _____ come.
   ⬭ dijo   ⬭ gato   ⬭ gustar

3. Te va a _____ esta sopa.
   ⬭ gustar   ⬭ muy   ⬭ estoy

4. Lalo _____:—¡Ven, Canelo!
   ⬭ estoy   ⬭ gustar   ⬭ dijo

5. Ella es _____ bonita.
   ⬭ estoy   ⬭ muy   ⬭ fin

Parte 2: Comprensión

Lee cada oración.
Rellena el ⬭ de tu respuesta.

6. ¿Dónde está Anansi?
   - ⬭ en la selva
   - ⬭ en una casa
   - ⬭ en un árbol

7. Cuando Anansi huele la comida,
   - ⬭ se detiene a comer.
   - ⬭ sigue su camino.
   - ⬭ espera a que esté lista.

8. ¿Cuántos cordeles tiene atados Anansi?
   - ⬭ seis
   - ⬭ cuatro
   - ⬭ ocho

9. ¿Cómo sabe Anansi que la comida está lista?
   - ⬭ la gente la llama
   - ⬭ la gente tira de los cordeles
   - ⬭ siente el olor de la comida

10. Cuando siente los tirones, Anansi
    - ⬭ se alegra.
    - ⬭ se asusta.
    - ⬭ se enfada.

Nombre _____

Encierra en un círculo la palabra que va con cada foto.

I.

lata
feria

2.

fideos
gallo

3.

sofá
casa

4.

familia
papá

5.

foco
médico

6.

faro
lima

7.

ardilla
foca

8.

taza
foto

Dibuja.

9. jirafa

10. teléfono

Notas para el hogar: Su hijo o hija ha repasado palabras que contienen *fa, fe, fi, fo* y *fu.* ***Actividad para el hogar:*** Muestre a su hijo o hija un cuento que contenga palabras con estas sílabas. Ayúdele a encontrar estas palabras.

© Scott Foresman 1

Subraya la palabra que corresponda al dibujo.

1.	2.	3.

bonito bebida	gusano bota	nube bodega

Escribe bo para hacer una palabra de la casilla.

bota   bodega

4. _____ta   5. _____dega

Escoge la palabra de la casilla que completa
la oración.
Escribe la palabra en la línea.

bigote   amiga

6. Susana es mi _____ .

7. El papá de Susana tiene _____ .

Notas para el hogar: Su hijo o hija está aprendiendo palabras con *ga, go, gu, ba, be, bi, bo* o *bu*.
Actividad para el hogar: Ayude a su hijo o hija a usar las palabras de ortografía para inventar un cuento
acerca de una bota perdida.

Nombre _____

Convierte cada oración en una pregunta.
Escribe la nueva oración en la línea.
Pista: Cada nueva oración debe comenzar con un ¿ y terminar con un ?.

1. Te gusta el elote.

_____

_____

2. Te gusta mi oso.

_____

_____

3. Te gustan las uvas.

_____

_____

4. Le gusta mi mapa.

_____

_____

5. Te gusta la luna.

_____

_____

Notas para el hogar: Su hijo o hija ha convertido oraciones en preguntas utilizando signos de interrogación. *Actividad para el hogar:* Escriba oraciones sencillas sobre comida, sin usar signos de puntuación. Anime a su hijo o hija a que convierta cada oración en una pregunta usando signos de puntuación.

Nombre _____

Acabo de leer ---------------------------

Se trataba de

Palabras que ahora sé leer y escribir

_____   _____

---------------------   ---------------------

_____   _____

---------------------   ---------------------

Acabo de leer _____

_____

- -

_____

Se trataba de

Palabras que ahora sé leer y escribir

_____   _____

- - - - - - - - - - - - - -   - - - - - - - - - - - - - -

_____   _____

- - - - - - - - - - - - - -   - - - - - - - - - - - - - -

_____   _____

Nombre _____

Palabras que ahora sé leer y escribir

Acabo de leer _____

_____

Se trataba de

Palabras que ahora sé leer y escribir

_____   _____

_____   _____

Palabras que ahora sé leer y escribir

_____

Acabo de leer _ _ _ _ _ _ _ _ _ _ _ _

_____

_ _

_____

Se trataba de

Palabras que ahora sé leer y escribir

_____   _____

_ _ _ _ _ _ _ _ _   _ _ _ _ _ _ _ _ _

_____   _____

_ _ _ _ _ _ _ _ _   _ _ _ _ _ _ _ _ _

_____   _____

Palabras que ahora sé leer y escribir

© Scott Foresman 1

Acabo de leer _____

_____

_____

Se trataba de

Palabras que ahora sé leer y escribir

_____   _____

_____   _____

_____   _____

Palabras que ahora sé leer y escribir

Nombre _____

Acabo de leer _____

_____

_____

Se trataba de

Palabras que ahora sé leer y escribir

_____ _____

_____ _____

Nombre _____

Palabras que ahora sé leer y escribir